dtv

Vierundvierzig frische Fischgedichte, die alle glücklich machen – Klabautermänner, Meerjungfrauen, Küstenbewohner und Landratten. In bester Manier von Ringelnatz, Morgenstern, Gernhardt und Co. widmet sich Arezu Weitholz allerlei liebenswerten Meeresbewohnern: vom Aalphabet über fröhliche Trompetenfische bis zum schlechtgelaunten Zackenbarsch. Mit sprachspielerischer Lust erzählt Sie von ihren Abenteuern und Affären, von ihren Sorgen und Nöten, von kleinen und großen Dramen, die von den unsrigen gar nicht so verschieden sind.

Arezu Weitholz, geboren 1968, arbeitet als Textdramaturgin und Songtexterin für namhafte deutsche Rockgrößen wie Herbert Grönemeyer, Udo Lindenberg und die Toten Hosen sowie als Journalistin und Illustratorin u. a. für die ›Frankfurter Allgemeine Sonntagszeitung‹ und für verschiedene Zeitschriften und Magazine, darunter die ›Brigitte Woman‹. Sie lebt in Berlin. Weitere bezaubernde Fischgedichte und witzige Illustrationen von Arezu Weitholz gibt es in ihrem Blog unter *http://fishyouwerehere.net*.

Arezu Weitholz

Mein lieber Fisch

Vierundvierzig Fischgedichte

Mit Illustrationen der Autorin

Deutscher Taschenbuch Verlag

Ausführliche Informationen
über unsere Autoren und Bücher
finden Sie auf unserer Website
www.dtv.de

2012
Deutscher Taschenbuch Verlag GmbH & Co. KG,
München
© 2010 Weissbooks GmbH, Frankfurt am Main
Umschlagkonzept: Balk & Brumshagen
Umschlag- und Innenillustrationen: Arezu Weitholz
Druck und Bindung: Druckerei C. H. Beck, Nördlingen
Gedruckt auf säurefreiem, chlorfrei gebleichtem Papier
Printed in Germany · ISBN 978-3-423-14110-9

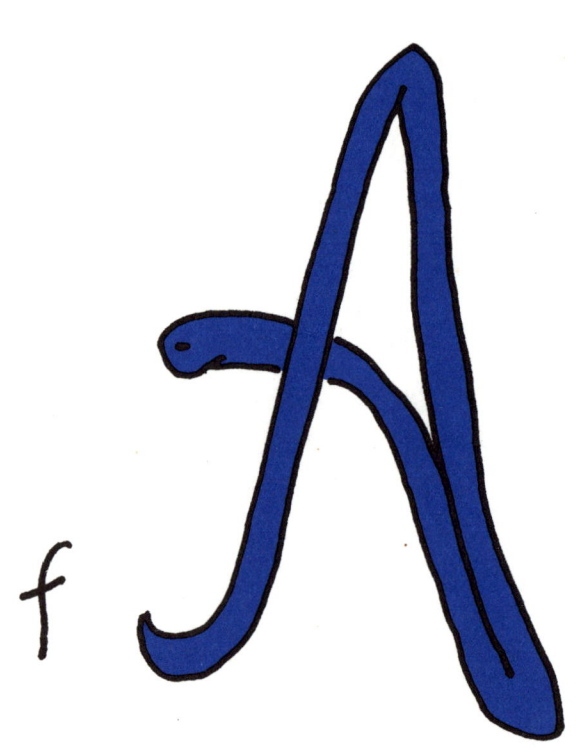

DER AALPHABET

Es war einmal ein Fisch im Meer
der liebte die Buchstaben sehr.
Er zählte sie von früh bis spät
man nannt ihn auch den Aalphabet.

Doch eines Tages fehlte ihm
das große F, und das war schlimm
denn nun gabs große Ische
und sonst nur kleine fische.

Er sucht im ganzen Ozean
von oben bis nach unten.
Das große F war irgendwann
ganz vollständig verschwunden.

Der Aalphabet, er war nicht blöd
er tat, als wärs normal.
Und seitdem ist der größte Isch
kein Isch mehr, sondern Wal.

DIE BERLINER AUSTER

Wenn du ihr Guten Morgen sagst
verziehtse ihr Jesicht.
Wenn du sie nach der Lage fragst
hörtse einfach nicht.

Willst du promenieren gehen
drehtse sich hinweg.
Schenkst du ihr dein Lächeln
kautse leise Dreck.

Du machst ihr Komplimente
Geschenke, doch sie tut
als wär das permanente
Nettsein gar nicht gut.

Wie kann es sowas geben
dass so ja nüscht bei der klappt?
Ihr Körper ist zujejen
nur sie ist einjeschnappt!

BERND, DER STÖR

Frühmorgens schläft das Meer noch tief
er ist schon lange wach.
Fischfröhlich singt er laut und schief
zum Frühstück gibt es Krach.

Er hat ne interessierte Nase
und guckt gern begabt.
Er liebt die eher hohle Phrase
und den duften Rat

Hätten Fische Ohren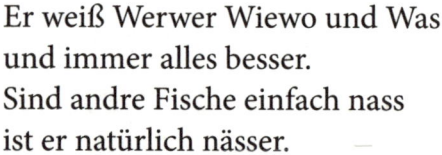
kaute er sie ab –
kein Wort ist verloren
solange er es sagt.

Er weiß Werwer Wiewo und Was
und immer alles besser.
Sind andre Fische einfach nass
ist er natürlich nässer.

Und weil Geduld ein Faden ist
wär ihm der Meereszorn gewiss
doch ist der Fisch auch Linguist
der hört, wenn man präzise ist

– und um den Frieden zu bewahren
gab man ihm einen neuen Namen
Wenn du ihn also kommen hörst
sag einfach: Hallo, Bernd. Du störst.

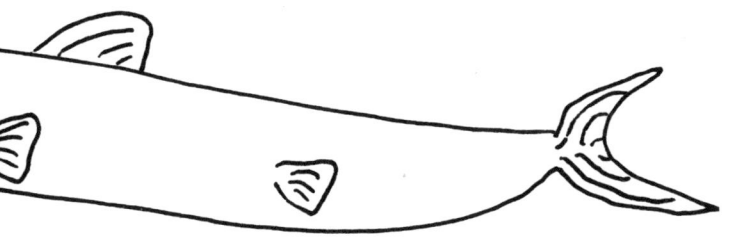

DER BLINDFISCH
(an den Anglerfisch)

Tief unter dem Vulkan
in abgrundfinstrer Nacht
wo niemals Fische warn
hält einer einsam Wacht.

Eiskalter Grund umhüllt
ein Licht, ganz zart und grau.
Sein einzig Auge füllt
das ewig schwarze Blau.

So still und ohne Laut
geht alle Zeit dahin.
Er sieht mit blindem Aug
wo keine Augen sind.

Und kommt die Müdigkeit
macht er ne Lampe an
weil er bei Dunkelheit
nun mal nicht schlafen kann.

DER KLEINE BUTT

Der kleine Butt war Einzelkind
und hatte viele Fragen, doch
weil Einzelkinder einzeln sind
konnt er sie keinen fragen.

Da kam ein Seepferd angeschwommen
voll Anmut und ganz unverdrossen.
Klein-Butt sah seine Chance kommen:
Verzeihung, wozu haben Fische Flossen?

Das Pferd sah Buttkind dringend an
und sagte dann (hochkonzenriert):
Die sind an jedem Fische dran
damit er besser navigiert!

Und warum haben Fische Kiemen?
– der kleine Butt kam jetzt in Fahrt.
Ersticken würd sich nicht geziemen
und wäre auch ein schlechter Rat.

Und warum ham wir keine Flügel
oder wenigstens ein Bein?
Mein Kind, ein Fisch ist doch kein Fahrrad
und wird nie eines sein.

Oh, bitte, nur noch eine Frage
und die ist auch ganz klein:
Wie kommen denn die Gräten
in die Fische rein?

Da war das Pferdchen überfragt
und wurde plötzlich stumm.
Und seitdem hüpft das Seepferd
dumm auf der Stelle rum.

CHOR DER LARVEN

Ne Larve sagte heimlich
zu ihrer Nachbarin:
Wenn ich mal aus dem Ei kriech
dann werde ich Marlin.

Wenn ich aus diesem Ei kriech
erwidert jene forsch
dann werde ich wahrscheinlich
ein dicker fetter Dorsch.

Wenn ich aus meinem Ei kriech
gab eine andre an
ein blauer Lippfisch werd ich
dann bin ich Frau und Mann.

Wenn ich mal endlich reif bin
schrill wer dazwischen quakte
will ich mit Armen greifen
deswegen werd ich Krake.

Wenn ich mich aus dem Ei drück
ne schicke Larve nickt
werd ich am Pol Beluga
und mache alles zu da.

Wenn ich mal nicht mehr ich bin
die kleinste Larve schwört
dann werd ich ein Stichling
und schwärme unerhört.

Wenn ichs aus diesem Ei schaff
prahlt eine Larve taff
dann werde ich Muräne!
Gebt acht auf meine Zähne!

Und plötzlich riefen alle:
Ich will, ich weiß, ich werd!
Bonito, Karpfen, Qualle
Koi, Barbe und Seepferd!

Und weil das etwas laut war
da trug der Schall hinfort
den Chor der Larvenbrutschar
Ich will, ich werd, sofort!

Kein Raubfisch sich mehr traute
auf Meter an sie ran
denn jedem Fische graute
vor dieser Wand aus Klang.

Wenn ich mal aus dem Teil komm
stöhnt da ne müde Stimme tumb
dann will ich meine Ruhe
dann werde ich ein Lump.

FISCHSTÄBCHEN I

Der Hunger wurmte ihn so schlimm
da biss er an, jetzt isser hin.

DER COWBOYFISCH

Der Cowboyfisch schwamm oft allein
und hörte Radio
am liebsten was mit Steelguitar
mit Banjo oder so.
Nachts träumte er von der Prärie
und hohem Felsgestein
sah sich im Geiste Bohnen braten
nachts im Feuerschein.
Was gäb er für ein Schießgewehr
und einen Cowboyhut
doch sowas fand er nicht im Meer
nur Algen, Sand und Flut.
So schwamm er weiter, ganz allein
und sang zum Radio.
Das hörte nun ein Seepferdlein
es rief: Yippie Ai Yo!
Auf dich hab ich gewartet!
nickt es ihn munter an.
Nun reiten sie gemeinsam
in den Sonnenuntergang.

DORO, DIE DORADE

Die Doro, die Dorade
sie liebte Marmelade
Nutella fandse fade
auch Bitterschokolade
die mocht sie nur so grade.
Das war in Wahrheit schade
denn aus der Konfitüre
wurd in des Wassers Bade
dünnflüssiges Gerühre.

FISCHE WEINEN

Fische greinen
Fische weinen
keiner sieht es ihnen an.

Fische tauchen
Fische brauchen
auch mal Liebe, irgendwann.

Fische fragen
Fische sagen
nie was laut, man hört sie nicht.

Fische sehen
Fische stehen
nachts allein im Sternenlicht.

Fische leben
Fische geben
alles hin, wenn sie es müssen.

Fische machen
Fische lachen
weil es kitzelt, wenn sie küssen.

Fische jagen
Fische tragen
ihre Schuppen ohne Haare.

Fische sinken
Fische trinken
viel zu viel, vor allem Klare.

Fische wärmen
Fische schwärmen
und sie wissen alles besser.

Fische frieren
Fische zieren
sich vor jedem scharfen Messer.

Fische ziehen
Fische fliehen
fort, sobald etwas nicht stimmt.

Fische beißen
Fische heißen
Fische, weil sie Fische sind.

fischgedicht
(kleingeschrieben, weil keine große liebe)

mein lieber fisch
du fehlst mir sehr.

jetzt im moment
und nachher auch.
warum bist du bloß
wech getaucht.

hier oben auf der erde nun
ist alles trocken, und ich kann nix tun –
außer heulen, wenn die gelbe scheint
als wär das meer

gar nicht so sehr
vom schickensal
für uns gemeint.

vergess dich nicht und denke viel
an deinen rückenkraulenstil.
lass dich nicht fressen

pass bloß auf.
ist still im ozean
wo ich ersauf.

FISCHPARADE

Der Donaulachs, der Donaulachs
er gleitet ohne Bohnerwachs.
Der Gabelwels, der Gabelwels
isst ohne Messer, ihm gefällts.
Der Büffelfisch, der Büffelfisch
er büffelt viel, doch nützt es nischt.
Der Katzenhai, der Katzenhai
der hat sein Fell heut nicht dabei.
Das Blaumaul, das Blaumaul
ist ausgesprochen maulfaul.
Die Lodde, die Lodde
würd Goethe gern verschrodde.
Der Buckellachs, der Buckellachs
fällt auf. Warum? Der Buckel machts.
Die Pampel, die Pampel
macht sich rein gar nix aus Gehampel.
Dem Kleist, dem Kleist
gehen alle auf den

Nerv.

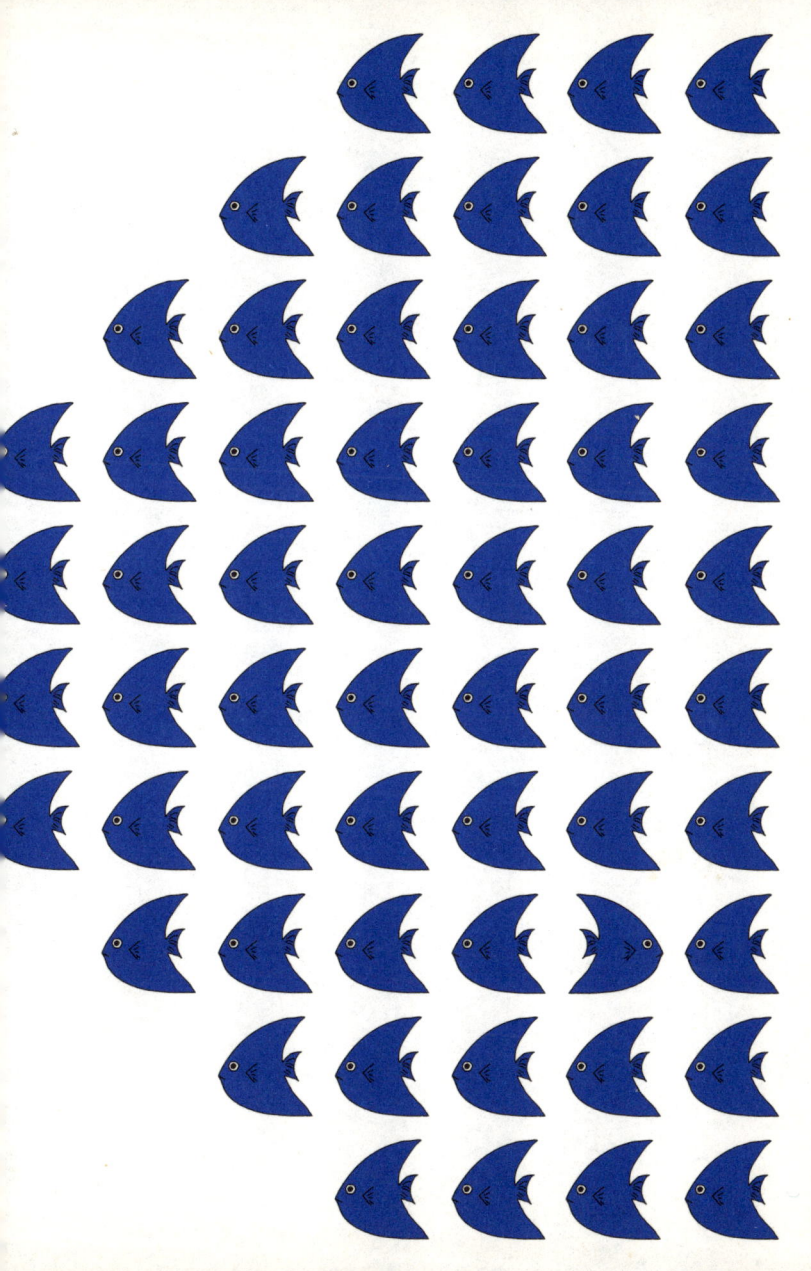

FISCHPHYSIOGNOMIE

Blasse Fische sind so blass
denn im Wasser ist es dunkel.
Und nass.

Lustbetonte wollen lieben
wegen dem Lächeln
auf den Kiemen.

Dumme Fische sind so schlicht
weil im Meer kann man nicht lesen
ohne Licht.

Coole Fische schweigen kühl
denn cool heißt kalt
und ist ein Stil.

DER NÄCHSTE FISK

Frau Klippfisk aus dem tiefen Fjord
war so emotional.
Sie sehnte sich in einem fort
nach Liebe, Leiden, Qual.

Im Norden aber war man kühl
und gab sich reserviert.
Frau Klippfisk brauchte mehr Gefühl
und dass da was passiert.

Kopfüber stürzte sie hinfort
es war kristallen klar –
die große Liebe war wohl dort
wo alles wärmer war.

Bald stahl aus ihrer Brust das Herz
ein Wal aus dem Atlantik.
Doch seins war kalt und schwer wie Erz
und nix für die Romantik.

Ihr zweiter Romeo war Hecht
gefährlich, wild und roh.
Nur treu sein konnt er leider schlecht
und Küssen war nicht so.

Der dritte, dem sie hinverfiel
war von Beruf Delphin.
Er lachte gerne, nur zuviel
er durfte weiterziehn.

Beinah hätt sie sich dann getraut
mit einem Tigerhai.
Doch wollte der gar keine Braut
nur lose Liebelei.

Beim nächsten Fisk, so schwor sie sich
wird alles, alles gut!
Doch jedes Mal, man glaubt es nicht
kam noch ne Tränenflut.

Heut ist ihr Herz ganz tief und leer
so wie der kalte Fjord.
Kein Fisk, der warm gewesen wär
sie wohnt auch wieder dort.

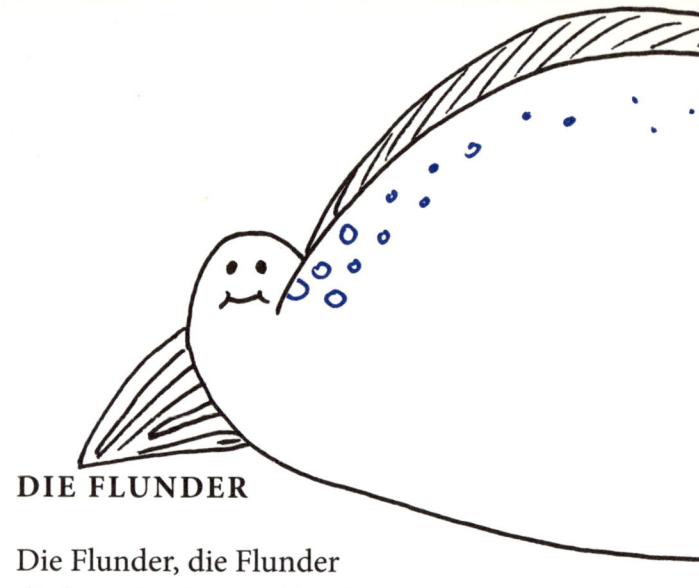

DIE FLUNDER

Die Flunder, die Flunder
die brauchte immer Zunder.
Sie tanzte gern von früh bis spät
und hofft, dass es so weitergeht.

Doch einmal, da, da spürte sie
nen bösen Stich im linken Knie.
Das war für einen Schwimmer
nicht schlimm, sondern viel schlimmer.

Sie humpelte zu ihrem Arzt
doch war der leider furchtbar hart:
Die Lage ist beschissen
die Bänder sind gerissen.

Was sie darauf so kurzerhand
erst ein Mal richtig lustig fand.
Sie ja nahm gerne alles leicht
sie war der Hecht im Karpfenteich.

Doch wurde es nun schwerer
sie musste in die Reha.

Die Flunder, die Flunder
wird heute immer runder
hier liegtse nur noch rum und flach
das hatse jetzt vom Zunder.

DIE BLAUE FORELLE

Die blaue Forelle
schwamm im Gefälle
gegen ne Welle
jetzt hatse ne Delle.

DER GOLDFISCH

Man gab den Goldfisch in ein Glas
mit Wasser, Sand und Stein.
Und auch das Futter, das er aß
das kippte man da rein.

Oft sagte man ihm Guten Tag
und klopfte manchmal an.
Man dachte sich, der Goldfisch mag
Gesellschaft dann und wann.

Der Goldfisch aber schwungvoll schwamm
erst rechts, dann links herum.
Doch war das Kreisen irgendwann
dem güldnen Fisch zu dumm.

Das Glas war rund, die Welt wars nicht
und grell schien Neonlicht
in diesen Raum aus Glas und Sand
und nie war er für sich.

Er träumte von der Einsamkeit
im weiten, tiefen Meer
von totenstiller Heiterkeit
so blau und doch so leer.

Der Goldfisch wurde deprimiert
und wie das dann so ist
ganz blass und desillusioniert
so wie ein Nihilist.

Das Gold fiel ab, der helle Schein
heut ist er transparent.
Und endlich lässt man ihn allein
weil keiner ihn erkennt.

DIE GRIPPEWELLE

Erst, da keuchten die Sardellen
und bald hustete der Hecht.
Böse röcheln die Forellen
und den Heringen ist schlecht.

Kopfweh, Fieber bei den Fischen
keiner mehr verlässt sein Haus.
Denn den Wal darfs nicht erwischen
wenn der niest, ist alles aus.

EIN HAIFISCH OHNE ZAHN

Vor einer Woche fing es an
als er ne Sprotte grad zerdrückt
da zog es plötzlich hintendran
im Gaumen wie verrückt.

Er malmte trotzdem elegant
den Knorpel klitzeklein
doch Kauen, Schlucken ging verdammt
nochmal nicht ohne Wein.

Am nächsten Tag, da spürte er
ein sanftes Pochen und nicht mehr
doch bereits beim Abendbrot
es wieder in die Backen zog.

Der Schmerz ihm in den Kiefer schoss
so heiß und kalt, so kalt und heiß
der Hai benutzte Dental Floss
Elmex Gelee und Zähneweiß.

Doch als das Aua bleiben tat
da konnte er nicht mehr
vermeiden, was kein Fisch gern mag
den Zahnarzt, tief im Meer.

Der Doktor sagte: Sei jetzt stark
ich hab da mal gebohrt
der Karies ist ehrlich arg
der Reißzahn, er muss fort.

Der Hai entsetzt: Bist du denn weich?
Nimm mir nicht diesen Zahn!
Ein Haifisch ohne den ist gleich
wie Wasser ohne Hahn.

Wie ein Himmel ohne Sterne
wie ein Feuer ohne Wärme
wie ein Hemd ohne Kragen
wie ne Antwort ohne Fragen.

Ach, wie ein Hase ohne Fell
wie die Sonne ohne hell.
Wie ein Jäger ohne Wumm
wie der Donner ohne Bumm!

So wie ne Wüste ohne Sand
wie ne Palme ohne Strand.
wie ein Fisch ganz ohne Gräten
wie ne Kirche ohne Beten.

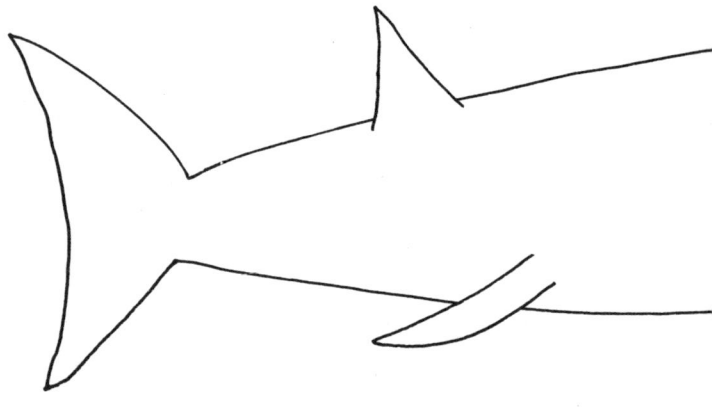

Wie eine Wiese ohne Gras
wie ganz viel Lachen ohne Spaß.
Wie ein Land ohne Erde
auf französisch einfach merde.

Und weil der Haifisch, als er sprach
sein Maul so lange weit aufriss
da zog der Zahnarzt, und schon brach
der schlimme Zahn aus dem Gebiss.

Es gibt nen Haifisch tief im Meer
der beißt nun nicht mehr zu.
Nur manchmal noch, da fühlt er sich
wien Senkel ohne Schuh.

DER DENDEMANNSCHE HECHT

Es war einmal ein Hecht
der zog im Teich hochtief herum
er kam mit allen gut zurecht
er schwimmte, schwamm und schwumm.

Er reimte täglich einen Spruch
und machte einen Sprung.
Das war ihm ganz und gar genuch
umfassende Ertüchtigung.

Doch gestern Mittag, kurz nach zehn
da guckt er ziemlich dumm.
Ein Angler lockte ihn an Land
und bracht ihn einfach um.

Der Hecht, der schwumm und reimte
ist nun für immer stumm.
Und wie die Hechtin weinte
und keinen Reim fand auf »warum«.

DAS HOCHSEEGEDICHT
OHNE FISCH

Walgesang und Schwermetall
Kutterfang und Tankerstahl
Ölteppich und Echolot
Eisbergtod und schockseenot

Oben, unten, rechts und links
schwimmt keine Seele, doch es stinkt
nach Müll und Dreck und Altöleimer
kein Wunder, reimt sich darauf keiner.

FISCHSTÄBCHEN II

Im Bauch der Nacht träumte der Karpfen vom Fliegen
– aufgewacht ist er geräuchert im Liegen.

DAS KABEL

Am Meeresgrund
ein Kabel lag
das brummte monoton.

Weil durch dieses
Kabel gab
man starken Wechselstrom.

Ein Fisch erwachte
in der Nacht
er hörte Stimmen drohn.

Dann dachte er:
Mal sachte
es war wohl nur der Mond!

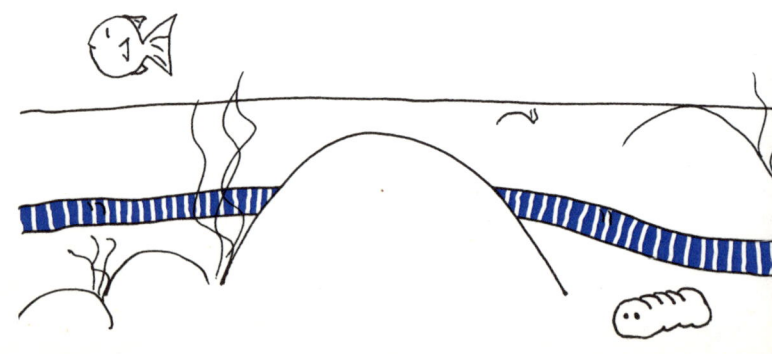

Wieder schlief er
träumte tiefer
nun von einem dumpfen Ton.

Im Schlafe rief er:
Warten Sie!
und dann: Ich komme schon!

Am Meeresgrund
ein Kabel lag
das brummte monoton.

Es kam durch
dieses Kabel
der Strom vom Telefon.

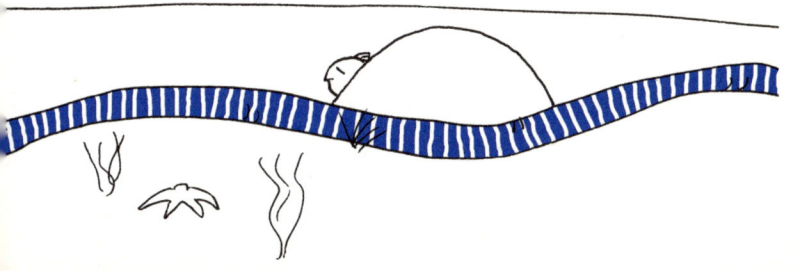

DER TOD DES KABELJAUS

Ein neunmalschlauer Kabeljau
sprach auf dem Sterbebett zu seiner Frau:
Ich bin, das weiß ich ganz genau
sehr bald ein toter Kabeljau.

So versprich, wenn ich dann scheide
lass keinen Doktor zu mir rein.
Auch das Beten bitte meide
und die Organe bleiben mein!

Mein Herz, mein Hirn und meine Leber
lass keinesfalls rausoperiern.
Ich war noch nie ein großer Geber
und will nicht hohl reinkarniern.

Vergrab mich nicht in dunkler Erde
und bitte äscher mich nicht ein.
Denn heißt es nicht auch: stirb und werde –
oder wie war das gemeint?

Da fuhr ein Fischer längs im See
und käscht die zwei aus dem Palaver.
Jetzt sindse beide Fischfilet
bestattet in Pannade – schade.

FISCHSTÄBCHEN III

In Russland lacht ne Pleintze
ein Schuss fand sie, jetzt weintse.

FISCHSTÄBCHEN IV

Wenns heisst: Der Fisch war ein Gedicht
– dann meist ihn selber freut es nicht.

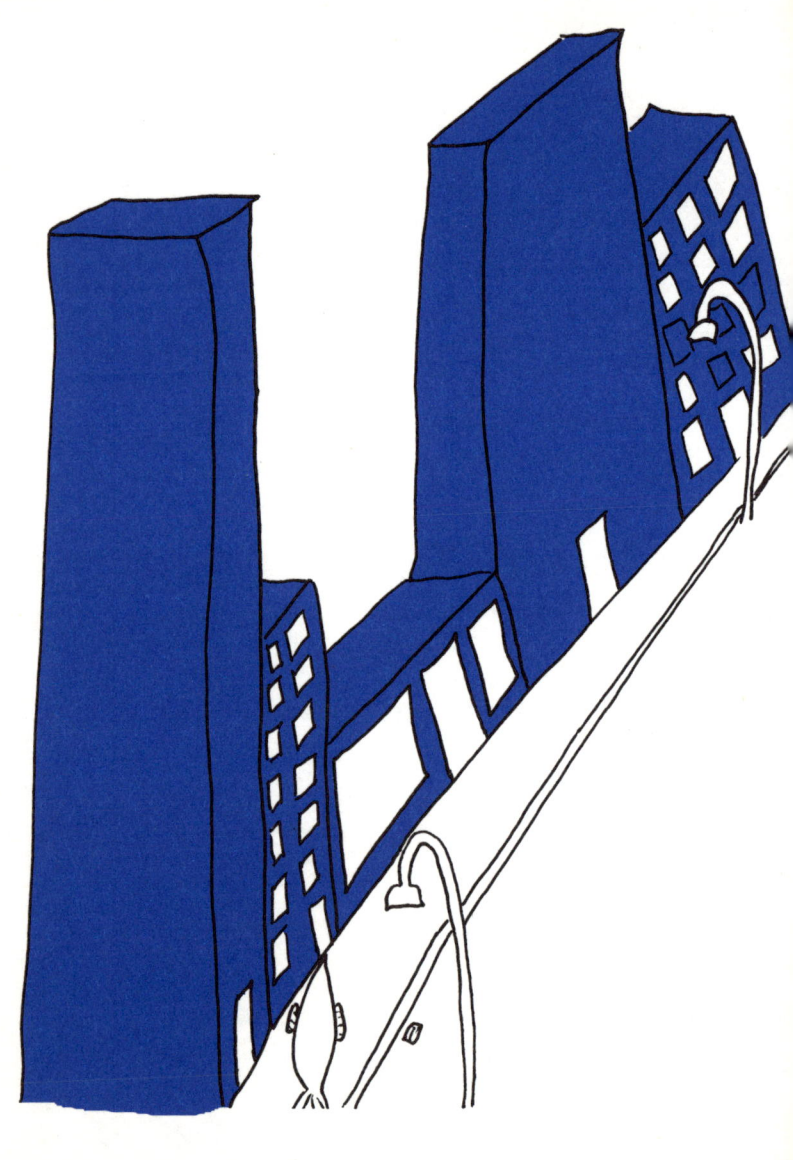

DER KLIPPENBARSCH
(oder: Der Gulli)

Wo die Straßen keine Namen
wo das Pflaster hart und harsch
wo der Himmel nie zu sehen
verlief sich mal ein Klippenbarsch.

Weiß und fahl erglühten Lichter
laut und wütend der Verkehr
grau und trübe die Gesichter
es war tief, das Häusermeer.

Block um Block der Barsch geschlendert
nirgends fand er einen Halt.
Einsamkeit sein Herz verändert
schlug bald kalt wie der Asphalt.

Dann, an einer Straßenecke
blinkten Lichter, gelb und rot.
Durch dies runde Loch im Boden
warf er sich. Jetzt ist er tot.

DER KOCHFISCH

Ein kleiner Kochfisch ging zur See
traf einen Wal und sagte: He
du bist ja ein fettes Tier
und gar kein Fisch, was willstn hier?
Dann muffelt er die Quallen an
was Quallen nicht gefallen kann.
Er schnauzt und stänkert laut und fies
er pöbelt und macht Muscheln mies:
Ihr seid ja stumm und häßlich obendrein
und überhaupt auch viel zu klein: Und du
Butt! Aal! Und ihr, Makrelen!
Euch allen Gräten, Hirn und Seelen fehlen!
So schreit der Kochfisch Tag und Nacht
man sich im Meer schon Sorgen macht:
Ist der denn irr oder bloß blau?
Hat er Tourette oder nen Hau?
Doch keins von diesen Dingen war
was dem Kochfisch so geschadet.
Es ist ganz einfach – also klar:
Der Kleine hat zu heiß gebadet.

DER METAPHORFISCH

Es gab mal diesen Fisch im Teich
der ständig sprach wie im Vergleich.
Ihm war die schönste Redewendung
so viel mehr als Zeitverschwendung.

So schlug er Böden Fässer aus
und setzt den Fässern Kronen auf.
Der Pfeffer lag bei ihm im Hasen
und das Wachs, das hört er grasen.
Er nahm die Hände in sein Bein
und ließ dann Grade Fünfe sein.

Er traf den Kopf stets auf den Nagel
wetterte laut Donnerhagel
und wie das Aug aufs Fäustchen passt
trug er nen Ärmel tief im As.

Nahm keinen Mund auch vor das Blatt
ne Schüssel in dem Sprung er hat.
Die Pfanne ward im Hund verrückt
der Elefant, er wurd gemückt.

Das Dorf blieb in der Kirche drin
am Nagetuch er hungernd hing
den Himmel aus dem Blau er log
der Schippe sprang er oft vom Tod.

Und seine Freunde machten stur
ne böse Mien zum guten Spiel.
In unsres Fisches Weg war nur
andauernd dieses blöde Ziel.

PANGASIUS IN CHINA

Pangasius von Metternich
war alles, nur nicht adelich.
Das nervte ihn ganz fürchterlich
gewöhnlich – nein, das wollt er nicht.

Er wanderte den Mekong
rauf und runter, kreuz und quer
ein jeder hiess Pangasius
und alle warn wie er.

Das war vielleicht ein schöner Mist
ein Fluss mit nur Genossen!
Jetzt ist er Oberkommunist
mit Streifen an den Flossen.

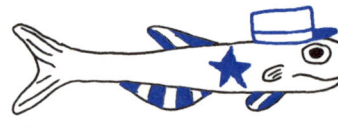

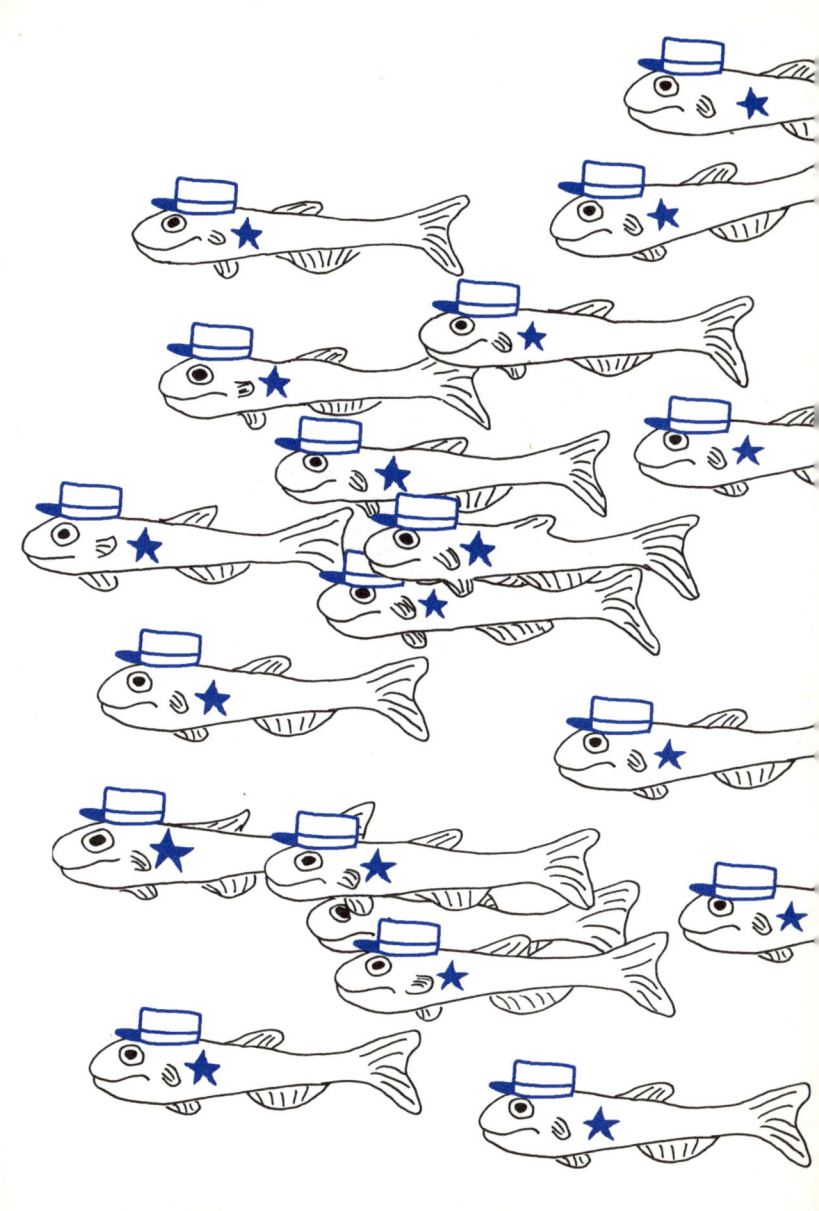

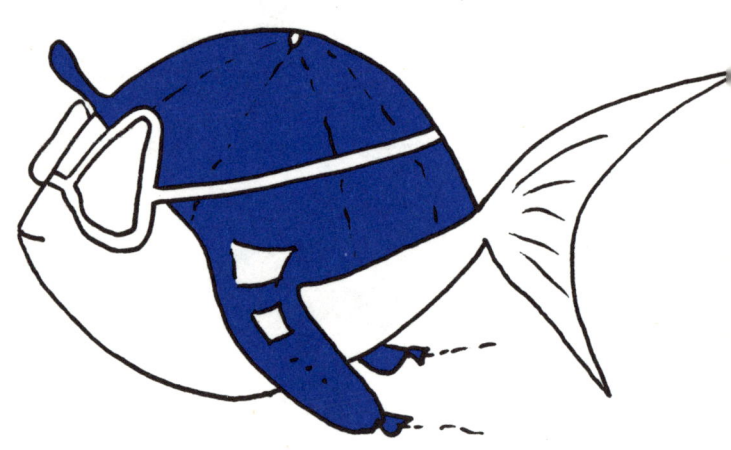

DER PILOTFISCH

Ein kleiner Fisch ist von Beruf
Pilot, und das heißt, er
muss immer, wenn der Rochen ruft
dem Rochen hinterher.
Doch gerne springt er aus der Flut
und sinkt wieder hinab.
Fliegen kann er richtig gut
nur ist die Luft so knapp.
Ach, wär er doch den Rochen los
wär vogelfrei und froh.
Doch er ist klein, der Rochen groß
Und das gehört auch so!
entrüsten sich die Möven sehr:
Wo käm wa denn da hin?
Wenn alle Fische flögen, wär
das Meer ja ohne Sinn!
Entspannt euch, brummt der Rochen, nü
das macht ihm schon noch Spaß!
In Wahrheit ist doch Wasser wie
der Himmel – nur in nass.

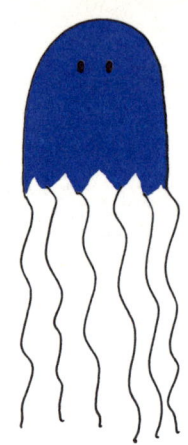

QUALLENBALLETT

Es war am Samstag kurz vor acht
als sich die Qualle hübsch gemacht.
Sie war sehr fröhlich und adrett
sie wollte nämlich ins Ballett.

Sie kämmte einzeln alle Fransen
bügelte die Schleier zart
und war im Geiste schon am Tanzen
da hattese den Fischsalat.

In mehr als einem der Tentakel
saßen dicke Knoten drin.
Das war ein ziemliches Debakel
und die Frisur natürlich hin.

Ach, die Arme von der Armen waren
ganz verheddert mit den Haaren.
An Ballett war nicht zu denken
die Gute konnte ja nicht lenken.

Sie zuckte, ruckelte und schob
zerrte, schimpfte, wurde rot
schmierte Öl und Spülung rein
und half es was? Natürlich nein.

Am Ende warse fix und alle
lag wie gelähmt am Bühnenrand.
Doch heute rühmt man diese Qualle
weil sie den Ausdruckstanz erfand.

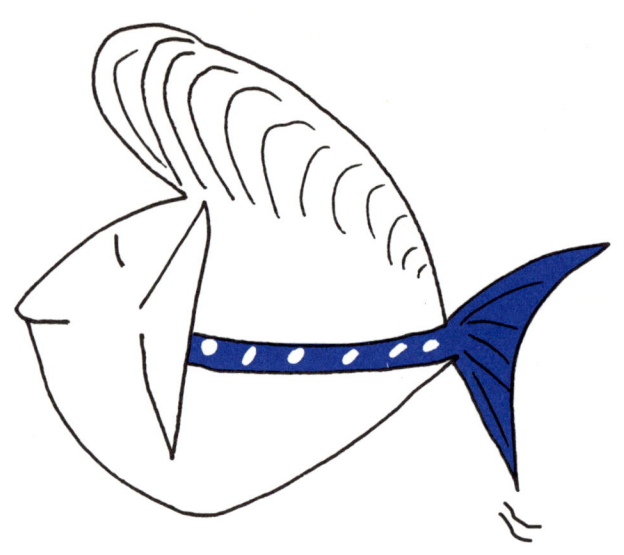

DER ROCKNROLLMOPS

Der Stichling sticht
die Scholle schollt
der Aal sich aalt
der Rollmops rollt.

Der Knurrhahn knurrt
die Scholle schmollt
die Krake krakt
der Rollmops rollt.

70

Der Silberfisch
wär lieber gold.
Dem Hecht ist schlecht
der Rollmops rollt.

Der Weißfisch weiß:
Der Schleimfisch schleimt.
Der Zierfisch ziert
der Rollmops reimt.

Der Kochfisch kocht
der Snapper snappt
der Backfisch backt
der Rollmops rappt.

Der Raubfisch raubt
der Stockfisch stockt.
Und endlich, schaut:
der Rollmops rockt!

DER HEILIGE SANKT PETER

Bist du als Fisch in Hochseenöten
hilft dir Sankt Peter mit Gebeten.
Er kann heilen fern und nah
läuft über unter Wasser gar.
Die Sonne scheint ihm aus den Kiemen
Sankt Peter ist für alle da.

Doch war des Peters Naturell
nicht immer so spirituell.
Nachts lag er wach und dachte nach
ob einer lenkt, wer ihn gemacht.

Bald konnt er nicht mehr gerade beten
schon gar nicht übers Wasser laufen.
Da ging er dann die Störe treten
und den Messwein alle saufen.
Der Stoff fraß hart an seinen Gräten
doch er? Wollt immer weiterlöten.

Es ging bergab mit heilig Peter
und wär beinahe bös geendet
doch fing er sich ne Weile später
– die Lyrik hat ihn umgewendet.

Er hörte nämlich jemand weinen
ganz tief in seinen Innerein
und flocht die abgrundschönen Reime
in seine nächste Predigt rein.
Jetzt schwallt er nur von seiner Sucht
die Kirche ist auch ausgebucht.

Und wie die Litaneien rocken
kein Platz am Sonntagabend leer
Marineblaue sind jetzt trocken
der Rest bleibt Alkoholiker.

DER SCHNÄPEL

Ein Schnäpel aus dem See in Plön
der konnt sich nicht entscheiden.
Er hielt es nicht für ein Problem
er braucht halt zwei von beiden.

Sollt er bleiben, wollt er gehen
ganz egal wohin.
Kam ein Mädchen, ließ ers stehn
und war trotzdem hin.

Das ganze Leben war ihm wie
ein schwebendes Verfahren
das nie verloren war, es schien
sich gerne zu vertagen.

Nun gab es da zwei Schnäpeldamen
in dem See in Plön.
Und jede wollt ihn für sich haben
denn er war auch schön.

Entscheide dich und zwar für mich!
sagte ihm die eine.
Die andre zog ihn hin zu sich:
Ich bins oder keine!

Sie machten ihm das Leben schwer
und das Herz halbvoll, halbleer.
Er wurde mager und sehr schmal
nachdenklich mit einem Mal.

Am Ende war er leicht wie Licht
und zart wie ein Gefühl.
Ganz tief gespalten innerlich
und seelisch aufgewühlt.

Dann plötzlich – ritsch – zerriss es ihn
zwischen Kopf und Schwanz.
Und nun hat jede was von ihm
doch keine hat ihn ganz.

DER SCIENTOLOFISCH

Er kam geladen auf die Welt
danach wurd es nicht besser.
Sein Blutdruck war ein Minenfeld
die Wut am Siedemesser.

Mehrmals am Tage füllte sich
sein Körper mit dem Zorn
Erlösung davon gab es nicht
er war halt so geborn.

Ein gelber Fisch, der bot ihm an:
Persönlichkeit im Test?
Und nein, es dauerte nicht lang:
Sie leiden unter Stress!

Man gab ihm einen Zitteraal
gefasst von zwei Korallen:
Jetzt greifen sie die Enden mal
und fangen an zu schwallen!

Das tat er, und dann sagte man:
Und nu nochmal von vorn.
Da fing er halt von vorne an,
beim zehnten Mal kam Zorn.

Er blies sich auf und schimpfte bös
dann weint er bitterlich.
Als nix mehr half, wurd er nervös
und lachte dusselich.

Am Ende war er echt geschlaucht
doch irgendwie gut drauf.
Und hat er heute Wut im Bauch
bläst er sich anders auf.

In Gelb mit einem Aal im Arm
der Blick eisklar und fest
da lächelt er die Fische an:
Persönlichkeit im Test?

SPROTTENKÜSSE

Die Sprotte irgendwann begann
zu suchen nach nem Sprottenmann.

Der erste tat, als wär er klug
gebildet, und er sprach
ganz vorbildlich, er lud sie ein
und sie gab etwas nach.

Sie ließ ihn nassfeucht an sich ran
das fühlte sich nicht richtig an
und sagte daher: Tschüss, mein Freund
du küsst mich nicht, wie ichs erträumt!

Ein andrer schwamm im Zickzack her
mal zickte er, und dann zackzack
stibitzte er im Augenblitz
nen Kuss, nein doch nicht ihr Geschmack.

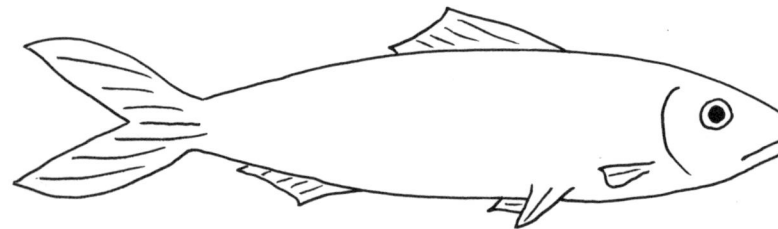

Und die, die nach ihm kamen, ja
die küssten zart und forsch und weich
und wild und knabbernd, bissen gar
doch sie, sie wusste immer gleich
sobald die Lippen sich berühren:
Der isses nicht, ich kann es spüren.

Sie wurde älter und versiert
hat ihre Technik präzisiert
und sucht noch immer diesen Mann
der wirklich richtig küssen kann.
Und falls mal wer den Grund will wissen
sagt sie mit einem Achselzucken:
Im Leben muss man Fische küssen
doch noch viel öfter Kröten schlucken!

DER STOCKFISCH

Da geht er hin, der alte Fisch am Stock
ganz hart und fahl, so dürr und kahl.
Doch er, der heut vor Würde starr
als junger Fisch ein andrer war!

Mit den Reichen war er dick
mit den Eitlen immer schick
für die Klugen war er schlau
dem Deprimierten war er Grau.

Mit den Schnellen war er fix
den Nihilisten war er nix
war für die Schönen so ästhetisch
und mit Ästheten hochpoetisch.

Kurz – er war was jeder brauchte
nur er selber war er nie – warum auch?

Schaut, da geht er hin, der Alte!
So verkniffen und so hager
ach, so eisern und so mager
mit seinem Stock in sturer Pose
man nennt ihn heut den Ruhelosen.

TEENAGERFLOSSEN

Es war in etwa kurz nach sechs
da sprühte jemand auf den Fels:
Dies Riff ist nun instandbesetzt!
Und: Nieder mit dem dicken Wels!

Es roch nach Gras und frischem Bier
man hörte die Ramones
ganz laut und deutlich bis um vier
dann spielten sie Deftones.

Die Gräten hatten sie garniert
mit Stacheln neongrell und steif.
Mit Netzen sich den Rumpf verziert
und um den Hals nen Nietenreif.

Bald fing auch einer an zu schrein:
Betrug und Schweinerei!
Wir wollen keine Brötchen, nein!
Wir wolln die Bäckerei!

Der hohe Rat im Ozean
hat aber nur gelacht
denn Punk ist eine Mode
und Milde eine Macht.

DER TROMPETENFISCH

Ein fröhlicher Trompetenfisch
der blies am liebsten Bach.
Besonders laut und künstlerisch
den ganzen langen Tach.

Er spielte Fugen, Arias
ganz ohne Partitur.
Kadenzen sind bei Bach ja das
was stimmt wie die Natur.

Er liebte Messen, Sinfonien
Kantaten, Fantasien
Präludien und Studien
Sonaten, Harmonien.

Doch mitten in dem schönsten Lauf
da sah er etwas ein.
Beim Kanon fiel es immer auf –
er tutete allein.

Er inserierte, fragte rum
und viele kamen her.
Doch schon nach dem Präludium
da konnten sie nicht mehr.

Die Flötenfische waren platt
der Trommelfisch k.o.
Gitarrenfische völlig matt
und er? Blieb halt solo.

Und immer wenn er musiziert
hörn alle leise zu.
Nur manchmal summt wohltemperiert
ein Fisch ne Terz dazu.

DAS UMSTÄNDLICHE VERHÄLTNIS ZWISCHEN ANGLERN UND FISCHEN

Fische essen Fische, wenn sie
Hunger, Hunger haben.
Angler fangen Fische, weil sie
Ehrgeiz in sich tragen.

Fische beißen Fische, weil sie
wollen etwas essen.
Angler essen Fische, weil es
beißt sie kein Gewissen.

WAS DER FISCH SAH

Der See war klar bis auf den Grund.
Der Fisch, er sah nen Menschenmund
mit weißen, langen, spitzen Zähnen.
Der Angler, er war grad am Gähnen.

DIE WELSIN EMMELINE

Es ging die Welsin Emmeline
ein jeden Tag in die Kantine.
Sie hatte selten Appetit
doch war sie in den Koch verliebt.

Und täglich stand sie am Buffet
nahm oft nur einen Kräutertee
und warf dem Koch ein Lächeln hin.
Umsonst – es war, als wär er blind.

Er sah im Leben ein Gericht
sein Herz schlug kulinarisch.
Da war er leider nicht ganz dicht
und auch ein bißchen manisch.

Der Ofen war sein bester Freund
er träumte von Zutaten
sein Gipfel der Gefühle warn
gebackene Pataten.

So gab nach wochenlangem Ignoriern
die Emmeline sich geschlagen
begann das Essen zu probiern
vielleicht ging Liebe durch den Magen.

Sie aß und schmeckte, lobte laut
sie rief: Herrjeh, wie köstlich!
    Allein der Koch schien nun auch taub.
        Jetzt schwieg er nur – fernöstlich.

        So wurd die Welsin Emmeline
        jeden Tag ein bisschen mehr.
        Und ihr einstmals schönes Mieder
            stand ihr nicht mehr sehr.

            Vor Kummer stopfte sie sich voll
                bald war sie mächtig wie ein Wal.
            Da fand der Koch sie plötzlich toll
            sagte: Du bist mein Augenstrahl!

Er lockte sie hinter den Herd:
Komm zu mir, Emmeline!
Dann hat sie sich nicht mehr gewehrt.
Jetzt ist sie Fischterrine.

DER SCHLECHTGELAUNTE ZACKENBARSCH

Der schlechtgelaunte Zackenbarsch
kauft T-Shirts immer extra large.
Er ist nun mal nicht mehr so schmal
wie früher. Nein, das war einmal.

Wenn er dann also shoppen geht
im Laden vor Regalen steht
bleibt ihm nur diese eine Ecke:
die mit den weiten T-Shirtsäcken.

Die Frau vom schlechtgelaunten Zacken
würd lieber dünne Flossen packen.
Deswegen kocht sie jetzt Diät
weil Medium ihm besser steht.

Allein der schlechtgelaunte Barsch
mag lieber Sahne und Fromage.
Er liebt die Soßen und den Braten
Kuchen, Kekse, Schokoladen.

Und weil er weiß, er darf nicht essen
ist er nun extra large verfressen.
Hört ihr ihn rülpsen, kauen, schmatzen?
Man könnte denken, er will platzen.

Der Grund dafür woanders steckt.
Der Barsch hat einen Trick entdeckt
die schlechte Laune zu verschmerzen:
Kübelweise Kichererbsen!

Es ist nicht leicht in extra large
schon gar nicht für nen Zackenbarsch.
Doch wenn du es schon schwerer hast
dann wenigstens mit extra Spaß.

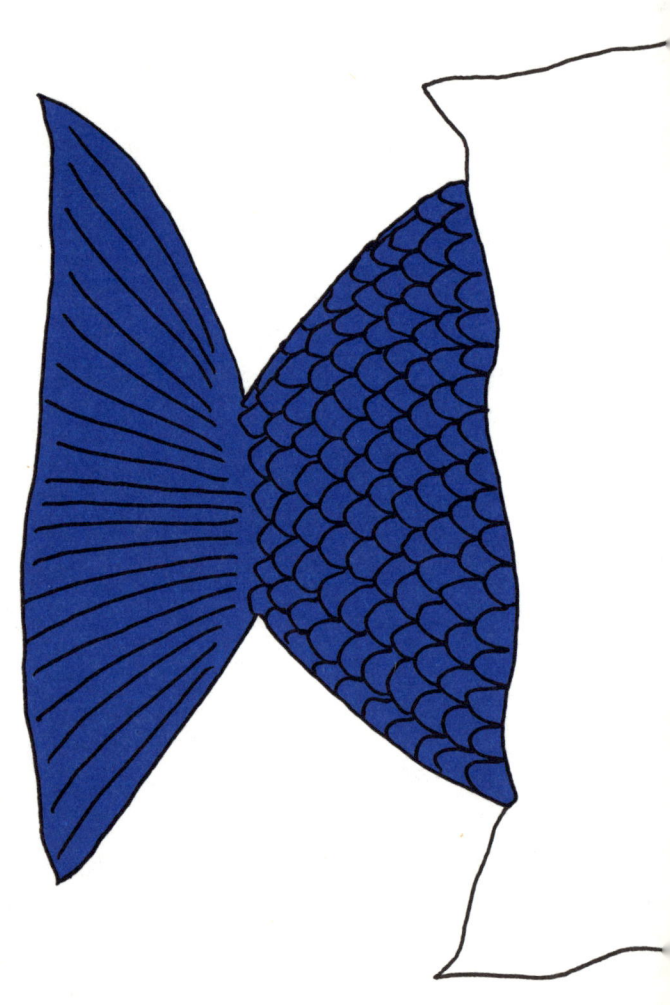

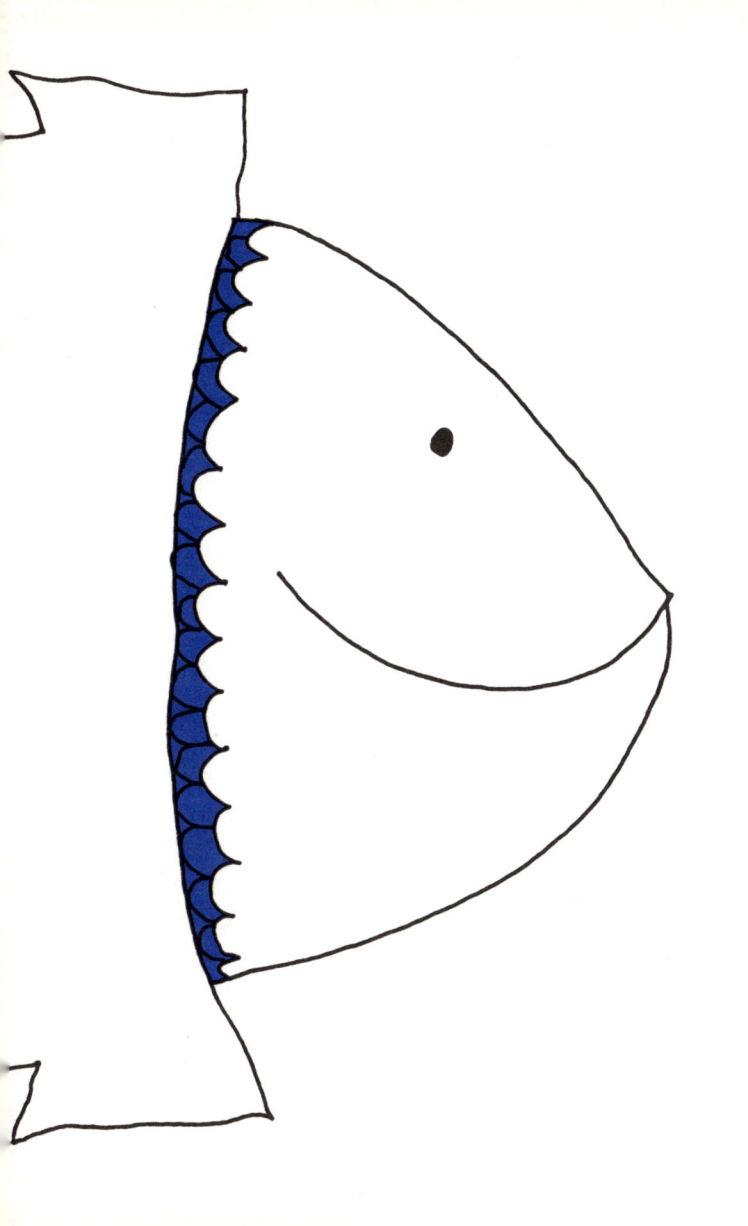

Dank an: *Lisa Alberding, Wolfgang Binder, Julia Borgwardt, Jens Bösenberg, Götz Bühler, Cherie, Michael Garbsch, Peter Glaser, Herbert Grönemeyer, Sven Hasenjäger, Mathias Hielscher, Nina Hoss, Yentz Köhler, Petra Langhammer, Ilka Mehdorn, Alex Otto, Tanja Reiss, Lydia Rose, Mona Rübsamen, Dirk Rudolph, Udo Schöbel, Smudo, Valerie Sajdik, Marga Winkler und flunderbaren Dank an Wiglev für Weitsicht, Rückenwind und Beistand auf allen Weltmeeren.*

Inhaltsverzeichnis
in aalphabetischer Reihenfolge